LIEBE LESERINNEN,

Kapuzenpullover – auch Hoodies genannt, sind absolut trendige Alltagsbegleiter für Jung und Alt: Mädels bis Damen und Jungs bis Herren. Charakteristisch für die „Urform" sind die kuschelige Kapuze und die bequeme und wärmende Kängurutasche.

Aber auch in abgewandelter Form – mit Reißverschluss, ausgefallenen Taschen, Applikationen oder Teilungsnähten – werden aus diesen Oberteilen individuelle Lieblingsstücke für Freizeit und Büro.
Etwas taillierter und auch mal länger geschnitten, wird der Hoody zur Figur umschmeichelnden Tunika oder praktischen Weste.

Die Modelle in diesem Buch aus Sweat, Walk und auch Fleece eignen sich hervorragend für Anfänger. Aber auch Fortgeschrittene werden viel Spaß am Nähen haben. Besonders schnell lassen sich die Hoodies mit einer Overlockmaschine nähen.

Die einzelnen Elemente des Unisex-Hoodies können Sie untereinander immer wieder neu kombinieren, ebenso die Teile des Tunika-Schnittes. Spielen Sie mit tollen Materialien in schönen Farben und lassen Sie Ihrer Fantasie freien Lauf. Mithilfe der Schritt-für-Schritt-Basisanleitungen können Sie sich ganz schnell Ihren neuen Liebling nähen, egal ob für den Sommer, die Übergangszeit oder den Winter.

Ich wünsche Ihnen fröhliche Nähstunden und bequeme Kuschelpullis

W0060573

DER KLASSIKER
UNSER UNISEX-BASISMODELL

Der traditionelle Grundschnitt – mit Kapuze, Kängurutasche und Bündchen |
Schnitt-Teile A bis E auf Bogen A

MATERIAL

- 160/165/180/185/195 cm Fleece für die Größen S/M/L/XL/XXL, 140 cm breit
- 55 cm Nicki, 140 cm breit
- 45 cm Bündchen, rundgestrickt, insgesamt 120 cm breit
- Passendes Nähgarn

ZUSCHNITT

Bitte geben Sie an allen Schnitt-Teilen 1 cm Nahtzugabe dazu.

Aus Fleece:
- Je 1x das Vorderteil A (Stoffbruch = Vordere Mitte) und Rückenteil B im Stoffbruch
- 2x den Ärmel C (gegengleich)
- 2x das Kapuzenteil D (gegengleich)

Aus Nicki:
- 2x das Kapuzenteil D (gegengleich)
- 2x die Tasche E im Stoffbruch

Aus Bündchen:
Die Nahtzugaben sind in den Maßen bereits enthalten.
- 2 Ärmelbündchen: 22 cm (= Höhe) x 21/22/22,5/23/24 cm (= Breite) für S/M/L/XL/XXL
- 1 Saumbündchen 22 cm (= Höhe) x 81/90/99/107/115 cm (= Breite) für S/M/L/XL/XXL

Zuschneidepläne fürs Fleece in den Größen S bis L

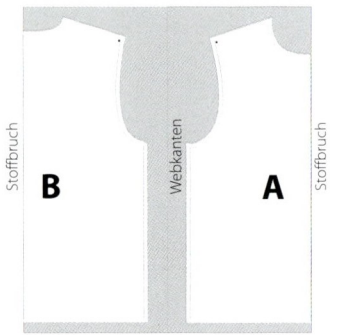

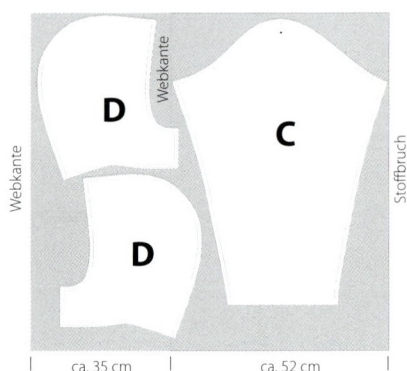

Für Größe S bis L: Um Vorder- und Rückenteil zuzuschneiden, wird der Stoff von beiden Seiten zur Mitte gefaltet, sodass man 2 Stoffbrüche erhält und die Webkanten in der Mitte zusammenstoßen.

2

Für Kapuze und Ärmel wird nur eine Seite soweit doppelt gelegt, bis das Schnittmuster des Ärmels darauf passt. Auf den restlichen Stoff, der einlagig liegt, werden die beiden gegengleichen Kapuzenteile aufgezeichnet. Um Stoff zu sparen, geschieht das hier einzeln und nicht bei doppelt gelegtem Stoff. Deshalb muss man hier ganz besonders darauf achten, 2 gegengleiche Teile zuzuschneiden.

Zuschneideplan für die Größen XL und XXL:

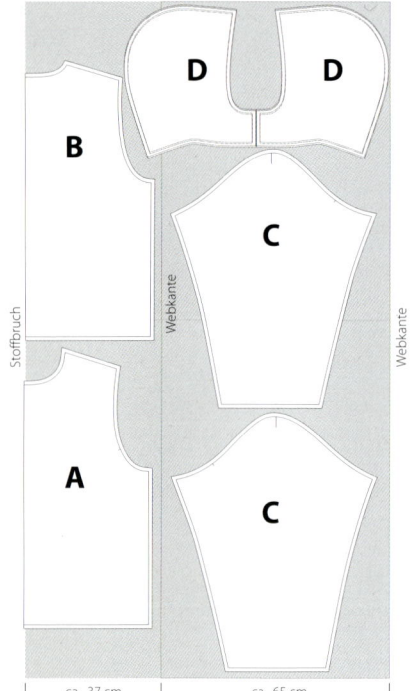

Für Größe XL und XXL: Hier wird für Vorder- und Rückenteil nur eine Seite soweit doppelt gelegt, dass die Schnittmuster von Vorder- und Rückenteil darauf passen. Auf den restlichen Stoff, der einlagig liegt,

werden die beiden gegengleichen Kapuzenteile und beide Ärmel aufgezeichnet. Auch hier darauf achten, 2 gegengleiche Teile aufzuzeichnen.

Zuschneideplan für den Nicki (alle Größen):

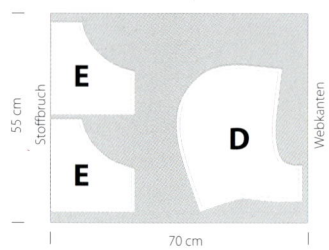

Der Nicki wird „normal" doppelt gelegt, d. h. an einer Seite ist der Stoffbruch, an der anderen Seite liegen die beiden Webkanten aufeinander. Doppelt zugeschnittene Teile, wie hier die Kapuze, werden so automatisch gegengleich zugeschnitten. Nicki und andere hochflorige Stoffe haben oft eine Strichrichtung, die Sie beim Zuschnitt beachten sollten. Den Nicki hier mit dem Strich zuschneiden, sodass sich der Stoff glatt anfühlt, wenn man von oben nach unten über die Teile streicht.

4

SO GEHT'S

1 KAPUZE

Nähen Sie zuerst jeweils die Kapuzenteile aus Fleece und dann aus Nicki rechts auf rechts an der hinteren Kopfrundung und am Kinn zusammen. Wenden Sie die Nicki-Kapuze und stülpen Sie die Kapuzen rechts auf rechts ineinander, sodass die vorderen Ausschnittkanten und die Kopfnähte passend aufeinandertreffen. Nähen Sie die Ausschnittkanten zusammen und wenden Sie die Kapuze. Stecken Sie die offenen Schnittkanten der Innen- und Außenkapuze an den Nähten und an den Passformzeichen zusammen.

2 TASCHE

Als Nächstes nähen Sie die verstürzte Tasche. Legen Sie hierzu die Taschenteile aus Nicki rechts auf rechts aufeinander und nähen Sie die seitlichen Kanten mit den runden Tascheneingriffen sowie die oberen Kanten zusammen. Die unteren Kanten bleiben zum Wenden offen. Schneiden Sie die Nahtzugaben an den Ecken bis zur Naht zurück und wenden Sie die Tasche.

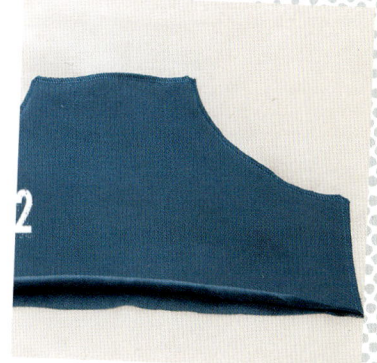

3 Positionieren Sie danach die fertige Tasche mittig an der unteren Kante des Vorderteils, stecken diese fest und nähen die obere und die kurzen seitlichen Kanten auf das Vorderteil. Sie können hier einen Steppstich oder einen Zickzackstich verwenden. Auch Ziernähte oder Covernähte machen hier eine gute Figur. Dabei bleiben die Tascheneingriffe offen. Die untere Taschenkante können Sie mit einem langen Steppstich schmalkantig auf dem Vorderteil fixieren, damit diese bei der weiteren Verarbeitung nicht verrutscht.

4 BÜNDCHEN

Legen Sie die Schmalseiten der 3 Bündchen jeweils rechts auf rechts aufeinander und nähen Sie die Kanten zusammen. Danach halbieren Sie die zur Runde geschlossenen Bündchen der Länge nach links auf links, sodass Sie ein doppellagiges halbbreites Bündchen erhalten. Stecken Sie die offenen Kanten an der Naht, auf der gegenüberliegenden Seite und dann nochmals jeweils auf der Hälfte der Strecke zwischen den beiden Nadeln zusammen (so ist an den Bündchen jeweils ¼ der Strecke markiert).

5 SHIRT

Legen Sie nun das Vorderteil passend rechts auf rechts auf das Rückenteil, stecken und nähen Sie die Schulternähte zusammen.

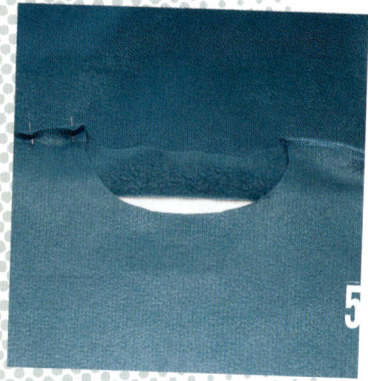

6 Ziehen Sie die Teile wieder auseinander und setzen die Ärmel den Passzeichen entsprechend rechts auf rechts in die jeweiligen Armausschnitte ein. Der Schulterpunkt trifft auf die Schulternaht (● trifft auf ●) und das Passzeichen des Vorderteils trifft auf das Passzeichen am vorderen Ärmelbereich (✱ trifft auf ✱). Stecken und nähen Sie die Ärmel fest.
Tipp für die Verarbeitung mit der Overlock: Im Bereich der Schulter können Sie mit dem Differentialtransport verhindern, dass sich die Schulterkugel ausdehnt. Stellen Sie dazu die Maschine so ein, dass der vordere Transporteur sich schneller bewegt als der hintere. Genaueres hierzu finden Sie in der Beschreibung Ihrer Overlock.

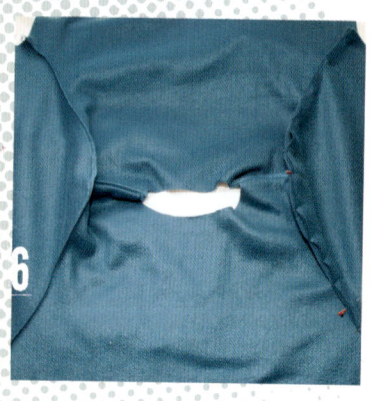

7 Legen Sie das Shirt wieder rechts auf rechts zusammen, sodass Vorder- und Rückenteil aufeinanderliegen. Jetzt können Sie jeweils die untere Ärmelnaht in einem Schritt mit der Seitennaht schließen. Achten Sie dabei darauf, dass die Armansatznähte exakt aufeinandertreffen.

8 Als Nächstes stecken Sie die verstürzte Kapuze rechts auf rechts (Fleece auf Fleece) den Passzeichen entsprechend

6

an den Halsausschnitt (Kinnnaht auf die vordere Mitte, Hinterkopfnaht auf die hintere Mitte, Passzeichen auf die Schulternähte). Verteilen Sie die Mehrweite gleichmäßig und nähen die Kapuze fest.

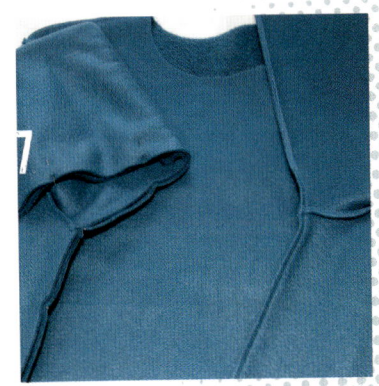

9 Abschließend werden noch die Bündchen an das Shirt genäht. Hierzu vierteln Sie zunächst die jeweiligen Ärmelsaumkanten und die Shirtunterkante und markieren die Punkte jeweils mit Stecknadeln. Stülpen Sie nun ein Bündchen rechts auf rechts über den Ärmel, sodass die Ärmelnaht über der Bündchennaht sitzt und die übrigen 3 Markierungsnadeln paarweise aufeinandertreffen. Die offenen Stoffkanten liegen dabei aufeinander. Verteilen Sie nun die Mehrweite des Ärmels gleichmäßig unter leichter Dehnung auf die Länge des Bündchens und nähen die offenen Kanten zusammen.

Den zweiten Ärmel arbeiten Sie ebenso. Auch das Shirtbündchen wird nach der gleichen Methode gearbeitet.

ELFENHAFTE ROBE

Tunika mit Trompetenärmeln, Zipfelkapuze, Abnähern und raffinierten Biesen | Schnitt-Teile N, O, P, R auf Bogen B

MATERIAL

- 180/180/180/225/225 cm Sommer-Wollwalk für die Größen S/M/L/XL/XXL, 140 cm breit
- Passendes Nähgarn

ZUSCHNITT

Bitte geben Sie an allen Schnitt-Teilen 1 cm Naht- und 2,5 cm Saumzugabe (an Ärmel-, Vorder- und Rückenteilunterkante) sowie 1,5 cm an der Kapuzenausschnittkante dazu. Schneiden Sie die Teile nach dem gleichen Prinzip zu, wie es in den Zuschneideplänen auf Seite 2 und 4 zu sehen ist. Nur die Kapuzenteile in den Größen XL und XXL passen nicht mehr nebeneinander auf den Stoff und müssen untereinander gelegt werden.

- Je 1x das Vorderteil N (Stoffbruch = Vordere Mitte) und Rückenteil O im Stoffbruch
- 2x den Ärmel P (gegengleich)
- 2x das Kapuzenteil R (gegengleich)

SO GEHT'S

1 BRUSTABNÄHER

Nähen Sie zunächst die Brustabnäher in das Vorderteil.
Falten Sie hierzu den Stoff in der Mitte des Abnähers
rechts auf rechts, sodass die beiden Abnäherpunkte aufeinanderliegen. Stecken Sie den Abnäher bis zum Endpunkt.

2 Nähen Sie eine Gerade von den übereinanderliegenden
Abnäherpunkten an der Stoffkante bis zum Endpunkt.
Legen Sie den Abnäher in Richtung Tunikasaum.

3 BIESEN

Anschließend falten Sie das Vorderteil hälftig links auf
links, um die mittlere Biese zu arbeiten. Sie können den
Markierungen * auf dem Schnittbogen entsprechend mit
Kreide eine Hilfslinie auf den Stoff zeichnen. Stecken Sie
die Biese mit ein paar Nadeln, markieren Sie sich Anfangs-
und Endpunkt (siehe rote Stecknadeln auf dem Foto) und
steppen Sie die Kante sehr schmalkantig zwischen den
beiden Markierungspunkten ab. Dabei verriegeln Sie
unbedingt den Nahtanfang und das Nahtende.
Tipp: Als Hilfsmittel hat sich ein Füßchen mit Führungskante bewährt.

4 Markieren Sie sich danach die beiden Biesen rechts und
links der Mittelbiese. Stecken und steppen Sie zunächst die
zweite und danach die dritte Biese wie eben beschrieben.
Arbeiten Sie anschließend die Biesen an den Ärmeln in
gleicher Weise.
Schließen Sie nun die Schulternähte (siehe Basismodell
Seite 6, Punkt 5).

5 Legen Sie dann die beiden Kapuzenteile rechts auf rechts
passend aufeinander und steppen Sie die hintere Kopfnaht.
Am Zipfel lassen Sie die Nähmaschinennadel im Eckpunkt
stecken, heben das Nähfüßchen, drehen den Stoff, sodass
Sie die nächste Seite nähen können, senken das Füßchen
wieder und nähen weiter. Schneiden Sie die Nahtzugaben an

der Ecke am Zipfel der Kapuze bis dicht an die Naht zurück. Anschließend schlagen Sie die vordere Kapuzenkante ca. 1,5 cm breit nach links um. Stecken und nähen Sie diese Saumkante.

6 Setzen Sie die Kapuze rechts auf rechts in den Halsausschnitt. Orientieren Sie sich an den Markierungspunkten (siehe Basismodell Seite 6/7, Punkt 8). Allerdings überlappen sich in der vorderen Mitte im Gegensatz zum Basismodell die beiden Kapuzenkanten um ca. 10 cm, siehe Passformzeichen. Stecken Sie die Kapuze fest und nähen Sie diese in den Halsausschnitt.

Danach setzen Sie die Ärmel ein und schließen die Ärmel- und Seitennähte wie beim Basismodell beschrieben.

Abschließend säumen Sie die Ärmel, sowie das Vorder- und Rückenteil, in dem Sie die Schnittkanten jeweils ca. 2,5 cm nach innen schlagen, feststecken und steppen.

EINFACH SCHA(R)F

Taillierte, kürzere Weste aus Plüsch mit geschwungenem Saum, schmalen Bündchen und Bommelkapuze | Schnitt-Teile N, O und Q auf Bogen B

MATERIAL

- 110/110/110/130/130 cm Zottelplüsch für die Größen S/M/L/XL/XXL, 140 cm breit
- 55 cm Streifenjersey, 140 cm breit
- 100 cm Kordel, 3 bis 4 mm Ø
- 2 Bommel, Pompons oder Quasten
- 2 Ösen, Innen-Ø 0,5 cm, inkl. Werkzeug
- Rest Vlieseline oder Decovil, 2 Stücke à 3 x 3 cm
- 1 Reißverschluss, teilbar, 55 cm lang
- Stylefix
- Passendes Nähgarn

ZUSCHNITT

Bitte geben Sie an allen Schnitt-Teilen 1 cm Nahtzugabe dazu, wenn nicht anders angegeben. Falten Sie die Webkanten jeweils zur Mitte, sodass Sie an den Seitenkanten 2 Stoffbrüche erhalten, an denen Sie Vorder- und Rückenteil anlegen können. Für Größe XL und XXL falten Sie die Webkanten in halber Rücken- bzw. Vorderteilbreite zur Mitte, die Webkanten überlappen sich dann in der Mitte um einige Zentimeter.

Aus Zottelplüsch:
- 2x das Vorderteil N gegengleich (untere, geschwungene Kante = Schnittkante Fellweste, an der vorderen Mitte bis Markierung „Reißverschluss")
- 1x Rückenteil O im Stoffbruch (untere, geschwungene Kante = Schnittkante Fellweste)
- 2x das Kapuzenteil Q (gegengleich)

Aus Streifenjersey:
- 2x das Kapuzenteil Q (gegengleich)
- 2 Ärmelbündchen: 6 cm (= Höhe) x 40/43/45/ 49/53 cm (= Breite) für S/M/L/XL/XXL (ohne zusätzliche Nahtzugaben)
- 1 Saumbündchen: 6 cm (= Höhe) x 92/98/104/ 114/123 cm (= Breite) für S/M/L/XL/XXL (ohne zusätzliche Nahtzugaben)

SO GEHT'S

Nähen Sie die innere (Jersey-) und äußere (Plüsch-) Kapuze wie im Basismodell auf Seite 5, Punkt 1 beschrieben jeweils an der hinteren Kopfnaht zusammen. Nähen Sie dann beide Kapuzen am Gesichtsausschnitt rechts auf rechts zusammen.

1 Für die Verarbeitung von Kunstfell/Plüsch ist es hilfreich, die Fransen an den Schnittkanten zunächst leicht abzuschütteln und beim Nähen dann immer mit dem Finger von der Schnittkante in Richtung Teilemitte zu streichen. So werden nur wenige Haare eingenäht. Die Nähte fallen kaum auf und das Fell wirkt durchgängig.
Versehentlich mitgefasste Haare mit einer Nadel oder Haarbürste aus der Naht ziehen/bürsten.

2 Bügeln Sie auf die linke Stoffseite der äußeren Kapuzenteile mit jeweils ca. 1 cm Abstand zur Naht und unteren Kapuzenkante vorsichtig die Vlieseline- oder Decovil-Stücke auf. Dann stanzen Sie mit einer Lochzange in die Mitte (= 2,5 cm von Kante und Naht entfernt) jeweils ein Loch für die Nieten. Setzen Sie das äußere Nietenteil von rechts in das gestanzte Loch, legen auf die Rückseite den Nietenring passend auf und drücken die beiden Teile entweder mit einer Zange oder mit dem beigefügten Werkzeug zusammen.

3 Wenden Sie die Kapuze auf rechts und fädeln Sie anschließend die Kordel von innen nach außen durch die Ösen. Legen Sie die Kordel eng an die Nahtzugabe des Gesichtsausschnittes. Streichen Sie die Kapuzenteile im Bereich des Gesichtsausschnittes 4 cm breit neben der Naht glatt und steppen die Kapuzenkante mit ca. 3,5 cm Abstand zur Kante für den Kordelkanal ab (Kordel nicht mitfassen). Als Hilfsmittel können Sie den Abstandsmesser in den Füßchenhalter schieben. Nähen Sie nun in die Westenvorderteile die Abnäher und anschließend die Vorderteile an den Schultern und an den Seitennähten an das Rückenteil (siehe Anleitung Tunika ab Seite 10).
Nähen Sie anschließend die Kapuze mithilfe der Passzeichen an den Halsausschnitt. An den vorderen Kapuzenkanten stehen die Vorderteile jeweils 1 cm über.

4+5 Für den Armausschnitt die beiden kurzen Bündchenstreifen an den Schmalseiten jeweils rechts auf rechts zusammenlegen und die Kanten aufeinandernähen. Legen Sie nun die Bündchen links auf links zur

14

Hälfte und stecken die offenen Kanten jeweils zusammen. Am besten vierteln Sie sich dabei die Strecken, siehe Seite 6, Punkt 4. Markieren Sie auch jeweils ¼ der Weite am Armausschnitt. Setzen Sie nun je ein Bündchen rechts auf rechts in einen Armausschnitt. Die Bündchennaht liegt hierbei jeweils auf der Seitennaht.

Verteilen Sie die Weite gleichmäßig und nähen Sie die Bündchen unter leichter Dehnung fest. Die Nahtzugaben können Sie nach innen legen und schmalkantig von rechts feststeppen.

6 Das Bündchen für die untere Saumkante wird wie die Ärmelbündchen vorbereitet und rechts auf rechts unter leichter Dehnung an die untere Westenkante genäht. Auch hier kann die Nahtzugabe nach innen gesteppt werden.

7 Für den Reißverschluss die Weste mit der linken Stoffseite nach außen faltenfrei auf den Tisch legen. Dabei liegen die Kapuzenansatznähte und die unteren Bündchenkanten der beiden Vorderteile oben und exakt nebeneinander. Legen Sie nun den Reißverschluss mit der rechten Seite nach unten mittig auf die Schnittkanten der Vorderteile, sodass die ersten Zähnchen dicht unterhalb der Kapuzenansatznaht liegen. Stecken Sie die Reißverschlussbänder bündig und rechts auf rechts (Zähnchen auf Fell) fest, dazu müssen Sie die Schnittkanten der Weste nach oben umklappen.

8+9 Falten Sie die oberen Bandenden zur Seite und fixieren diese. Kontrollieren Sie, ob die Reißverschlussenden auf gleicher Höhe liegen. Dann nähen Sie beide Reißverschlussbänder mithilfe des Reißverschlussfüßchens nahe der Zähnchen fest.

10 Anschließend Reißverschlussbänder und Nahtzugaben nach links umschlagen, die Fellhaare zur Seite streichen und die vorderen Jackenkanten schmal absteppen.

Zum Schluss nähen Sie die Bommel/Pompons/Quasten an die Bandenden der Kapuzenkordel.

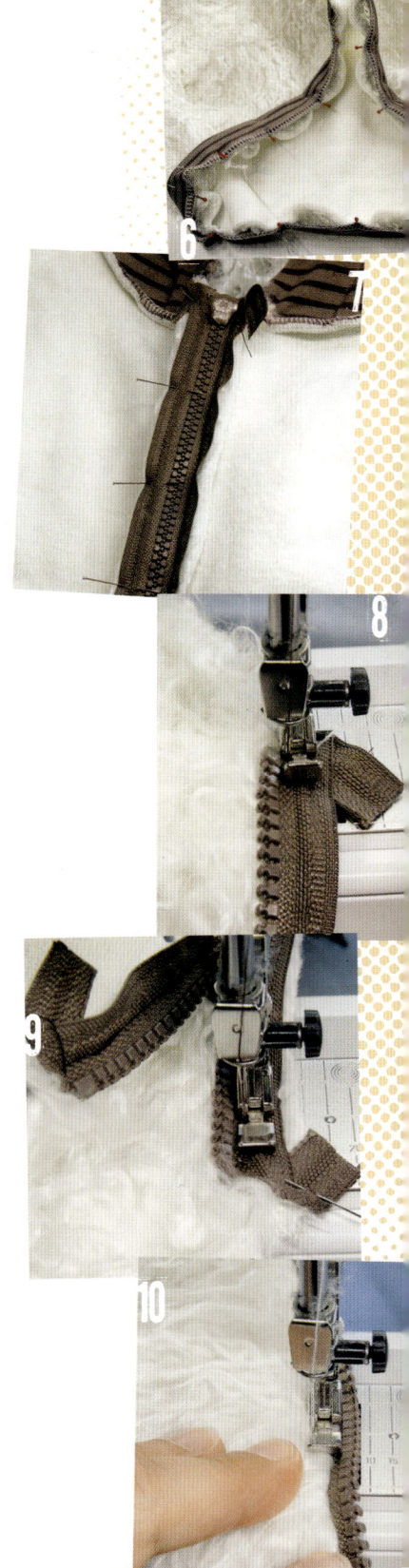

JEANSTYP

Der Hoody zum klassischen Pullover mit Troyerkragen abgewandelt │
Schnitt-Teile A bis C und H auf Bogen A

MATERIAL

- 1,5 m Sweat, 140 cm breit
- 90 cm Bündchen, feingerippt, 140 cm breit
- 1 Reißverschluss, nicht teilbar, 25 cm lang und 30 mm breit
- Stylefix
- Passendes Nähgarn

ZUSCHNITT

Bitte geben Sie an allen Schnitt-Teilen 1 cm Nahtzugabe dazu, wenn nicht anders angegeben. Falten Sie am Sweat eine Webkante in halber Vorderteilbreite zur Mitte, sodass Sie eine Bruchkante erhalten. Legen Sie an diesen Stoffbruch die Schnitt-Teile Rückenteil und unteres Vorderteil. Die Ärmel schneiden Sie einzeln (und gegengleich!) aus dem übrigen Stoff.

Aus Sweat:
- Je 1x das untere Vorderteil A bis zur Teilungslinie (Stoffbruch = Vordere Mitte) und 1x das Rückenteil B im Stoffbruch
- 2x den Ärmel C (gegengleich)

Aus Bündchen:
- 2x das Kragenteil H
- 4x das obere Vorderteil A bis zur Teilungslinie (Vordere Schnittkante = Vordere Mitte ohne weitere Nahtzugabe), je 2x gegengleich
- 2 Ärmelbündchen 22 cm (= Höhe) x 21/22/22,5/23/24 cm (= Breite) für S/M/L/XL/XXL (ohne zusätzliche Nahtzugaben)
- 1 Saumbündchen 22 cm (= Höhe) x 81/90/99/107/115 cm (= Breite) für S/M/L/XL/XXL (ohne zusätzliche Nahtzugaben)
- 1 Stoffrechteck als Abdeckleiste für den Reißverschluss: 3 x 6 cm (ohne zusätzliche Nahtzugaben)

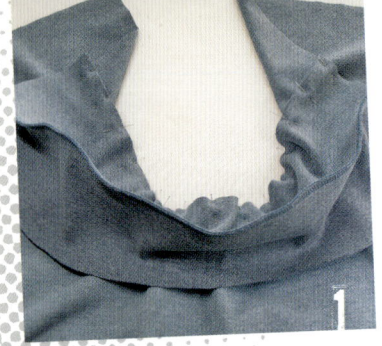

SO GEHT'S

1 TROYERKRAGEN

Nähen Sie zunächst die Schulternähte der äußeren oberen Vorderteile und des Rückenteils rechts auf rechts zusammen. Legen Sie nun die beiden Kragenteile rechts auf rechts passend aufeinander, stecken und steppen Sie die obere Kragenkante. Danach stecken und nähen Sie eine untere Seite des Kragens rechts auf rechts an den Halsausschnitt der zusammengesetzten Rücken- und Vorderteile.

2 Versäubern Sie eventuell die Schulterkanten der beiden inneren oberen Vorderteile. Stecken und nähen Sie danach diese beiden Vorderteile als Beleg mit den Ausschnittkanten an die untere Kante des inneren Kragens (zwischen ▲ und ◆).
Legen Sie die äußeren vorderen Teile gerade vor sich auf den Tisch.

3 Kleben Sie Stylefix an beide vorderen Kanten von der Oberkante des Kragens (= Naht zwischen den Kragenteilen) bis zum Ende der äußeren oberen Vorderteile. Falten Sie das kleine Rechteck links auf links zur Hälfte und legen es an das untere Ende des Reißverschlusses. Kleben Sie dann den Reißverschluss an einer Seite fest: Das Rechteck und die Zähnchen liegen auf dem Stoff, die Bandkanten liegen bündig an den Schnittkanten des Vorderteils, der Zipper ist oben. Das obere Bandende des Reißverschlusses (ohne Zähnchen) schlagen Sie zur Stoffkante hin ein. Achten Sie darauf, dass sich der Reißverschluss nicht wellt. Nähen Sie zunächst diese Seite des Reißverschlusses nahe der Zähnchen mithilfe des Reißverschlussfüsschens fest.

4 Schlagen Sie nun das innere Kragenteil an der Kragenoberkante nach links um, sodass die Teile rechts auf rechts aufeinanderliegen, und kleben Sie die vorderen Kanten bündig aufeinander. Der Reißverschluss liegt dann zwischen den beiden Stofflagen.

5 Nähen Sie nun diese Kante fest, hierbei nähen Sie am besten erneut über die eben genähte Reißverschlussnaht. Schneiden Sie die Nahtzugaben an der Oberkante schräg bis zur Naht zurück.

6 Nähen Sie die zweite Seite des Reißverschlusses wie eben beschrieben ein. Achten Sie dabei darauf, dass die Enden der Kragenansatznaht an beiden Seiten des Reißverschlusses auf einer Höhe liegen. Wenden Sie den Kragen.

7 Nun stecken und nähen Sie von innen die untere innere Kragenkante an die Kragenansatznaht bzw. an den Halsausschnitt des Rückenteils (jeweils die offenen Kanten auf die Nahtzugaben).

8 Die inneren und äußeren oberen Vorderteile können Sie nun links auf links an der unteren Kante zusammenstecken und mit einem langen Steppstich schmalkantig an den offenen Kanten aufeinander fixieren, um ein Verrutschen beim weiteren Verarbeiten zu vermeiden.
Stecken und nähen Sie nun das untere Vorderteil rechts auf rechts an das obere zusammengesetzte Vorderteil. Die Schulterkanten der inneren oberen Vorderteile werden an der Nahtzugabe der Schulternaht festgenäht.
Abschließend werden die Ärmel eingesetzt und der Pulli wie beim Basismodell ab Seite 6 beschrieben weiterverarbeitet.

FARBWECHSEL

Die Hoody-Jacke mit figurfreundlichen Wiener Nähten und zwischengefassten Eingriffstaschen │ Schnitt-Teile A bis D und I auf Bogen A

MATERIAL

- 160/165/180/185/195 cm Doubleface-Fleece für die Größen S/M/L/XL/XXL, 140 cm breit
- 30 cm Wirkfutter, 90 cm breit
- Stylefix
- 1 Reißverschluss, teilbar, 60 cm lang
- Passendes Nähgarn

ZUSCHNITT

Bitte geben Sie an allen Schnitt-Teilen 1 cm Nahtzugabe sowie an den Ärmeln 2,5 cm Saumzugabe dazu. An Vorder- und Rückenteilunterkanten bei Größe S 7 cm, bei Größe M 6 cm, bei Größe L 5 cm, bei Größe XL 4 cm

und bei Größe XXL 3 cm zugeben. Legen Sie die Schnitt-Teile so auf, wie es in den Zuschneideplänen auf den Seiten 2 und 4 gezeigt wird. Statt der ganzen Vorder- und Rückenteile legen Sie jeweils die mittleren und seitlichen Teile dicht nebeneinander auf den Stoff.

Aus Doubleface-Fleece:
- Je 2x das seitliche und vordere Vorderteil A (jeweils gegengleich)
- 1x das mittlere Rückenteil B im Stoffbruch und 2x das seitliche Rückenteil B (gegengleich)
- 2x den Ärmel C (gegengleich)
- 2x das Kapuzenteil D (gegengleich)

Aus Wirkfutter:
- 4x das Taschenteil I (je 2x gegengleich)

SO GEHT'S

Bei diesem Modell aus Doubleface-Fleece (2 unterschiedlich farbige Seiten) bietet es sich an, die seitlichen Einsätze durch Wenden der Stoffteile farblich abzusetzen. Beachten Sie die Farbwechsel bitte bei der jeweiligen Bezeichnung „rechts auf rechts". Die seitlichen Vorder- und Rückenteile sind jeweils andersfarbig.

1 EINGRIFFSTASCHE

Stecken Sie jeweils ein Taschenteil zwischen den Markierungspunkten ▶ und ▮ rechts auf rechts mit den geraden Kanten an ein mittleres und an ein seitliches Vorderteil.

2 Nähen Sie die Taschenbeutel fest, lassen jedoch jeweils den ersten und letzten Zentimeter als Nahtzugabe offen.

3 Stecken Sie nun jeweils das seitliche Vorderteil rechts auf rechts an das mittlere Vorderteil und schließen die Nähte von der oberen Kante bis zum Nahtanfang am Taschenbeutel und ab dem Nahtende am Taschenbeutel bis zur unteren Saumkante. Passen Sie hierbei auf, dass Sie den Taschenbeutel nicht aus Versehen mitfassen.

4 Legen Sie nun jeweils die beiden Teile einer Tasche passend rechts auf rechts aufeinander. Stecken und nähen Sie die Rundungen zusammen.
Nähen Sie anschließend an der Kapuze nur den hinteren Kopfbogen und schließen wie beim Basismodell die Schulternähte, siehe Seite 5 ff. Setzen Sie die Kapuze und die Ärmel ein und nähen die Seitennähte.

5 Fixieren Sie dann, wie bei der Fellweste auf Seite 15 beschrieben, den Reißverschluss mit 1,5 cm Abstand zur Kapuzenansatznaht an der vorderen Kante. Unterhalb des Reißverschlusses bleiben ca. 5 cm frei. Nähen Sie den Reißverschluss ein. Schlagen Sie die Nahtzugaben (auch unterhalb des Reißverschlusses bis zur unteren Kante) samt Reißverschlussband nach links um und stecken Sie die Kanten fest.

6 Schlagen Sie die untere Jackenkante 3 cm breit nach links um und stecken den Saum fest. Den Kapuzenausschnitt schlagen Sie ebenfalls bündig zum Reißverschluss (= ca. 1 cm breit) nach links ein und stecken auch diesen Saum. In den Säumen fassen Sie die seitlichen und die unteren Taschenkanten mit.

Abschließend steppen Sie alle Säume rundum in einem Arbeitsgang ab. Beginnen Sie am besten am unteren Saum, nähen entlang des Reißverschlusses und über die Kapuze an der anderen Reißverschlussseite entlang bis zum Anfang am unteren Saum. Die Ärmel werden auch mit einem einfachen Saum von ca. 2,5 cm abgenäht.

SPORTSMAN

Hoody mit Schulter- und Ärmelpatches sowie praktischen Daumenlöchern in den Ärmelbündchen | Schnitt-Teile A bis G auf Bogen A und Teil M auf Bogen B

MATERIAL

- 160/165/180/185/195 cm Fleece in Tannengrün für die Größen S/M/L/XL/XXL, 140 cm breit
- 105 cm Fleece in Olivgrün, 140 cm breit
- Passendes Nähgarn

ZUSCHNITT

Bitte geben Sie an allen Schnitt-Teilen außer an den Ärmel-Patches 1 cm Nahtzugabe dazu. Legen Sie die Schnittteile so auf das Fleece in Tannengrün, wie in den Zuschneide-plänen auf Seite 2 und 4 zu sehen.

Aus tannengrünem Fleece:
- Je 1x das Vorderteil A (Stoffbruch = Vordere Mitte) und Rückenteil B im Stoffbruch
- 2x den Ärmel C (gegengleich)
- 2x das Kapuzenteil D (gegengleich)

Aus olivgrünem Fleece:
- 2x das Kapuzenteil D (gegengleich)
- 2x die Tasche E im Stoffbruch
- 2x die Ärmelpatches G
- 1x Schulterpatch F im Stoffbruch
- 2x das Ärmelbündchen M
- 1 Saumbündchen 22 cm (= Höhe) x 97/107/117/127/137 cm (= Breite) für S/M/L/XL/XXL (inkl. Nahtzugaben)

SO GEHT'S

Nähen Sie wie beim Basismodell auf Seite 6 beschrieben zunächst die Schulternähte rechts auf rechts zusammen.

24

1 SCHULTERPATCH

Legen Sie dann das Schulterpatch an den Hals- und den Armausschnitten passend links auf rechts auf das zusammengesetzte Shirt-Teil, die Schulternaht liegt hierbei unter dem Patch.

2 Stecken Sie das Patch an den offenen Kanten fest und steppen diese schmalkantig auf das Shirt.
Tipp: Als Hilfsmittel können Sie ein Füßchen mit Führungs-schiene oder auch den Reißverschlussfuß verwenden. Evtl. können Sie auch die Nadel um ein paar Millimeter versetzen und sich dann an der Füßchenkante orientieren.
Im Bereich der Armausschnitte können Sie die Kanten inner-halb der Nahtzugaben mit einem langen Stich zusammen-nähen und damit fixieren.

3 ÄRMELPATCHES

Positionieren Sie die Ärmelpatches links auf rechts wie auf dem Foto zu sehen – etwas unterhalb der Mitte und leicht nach hinten versetzt – auf den Ärmeln. Sie können sich die Ärmel anhalten und am Spiegel die Positionen der Patches überprüfen.

4 Stecken Sie die Patches fest und steppen Sie die Kanten schmal auf.
Nähen Sie die Tasche, die Kapuze und den Pullover mit den vorbereiteten Teilen fertig, wie beim Basismodell ab Seite 5 beschrieben. Nur die Ärmelbündchen werden hier anders gearbeitet.

5 ÄRMELBÜNDCHEN MIT DAUMENLOCH

Zunächst falten Sie das Bündchen der Länge nach rechts auf rechts zur Hälfte und steppen die Daumenlöcher zwischen den ▲ und den ● zusammen (siehe Foto: zwischen den Stecknadeln).

6 Falten Sie das Bündchen wieder auseinander und legen die gerade geschlossenen Nähte rechts auf rechts aufeinander. Jetzt können Sie die Nähte unterhalb des Daumenlochs (zu den offenen Schnittkanten hin, siehe unten rechts im Bild) schließen. Nähen Sie dabei jeweils genau vom Nahtende bis zur Kante. Stecken Sie die Ecke von innen durch die entsprechende andere Öffnung des Bündchens und steppen hier alle Lagen vom Nahtende bis zur Umbruchkante zusammen.

7 Wenden Sie die Ärmelbündchen, sodass die offenen Schnittkanten aufeinanderliegen.

8 Vierteln Sie die Bundkanten wie beim Basismodell beschrieben und stecken Sie das Bündchen so in den Ärmel, dass das Daumenloch im vorderen Bereich des Ärmels an der 1. Markierung (Stecknadel) neben der Ärmelnaht liegt. Die Schnittkanten von Bündchen und Ärmel liegen aufeinander. Nähen Sie das Bündchen fest.

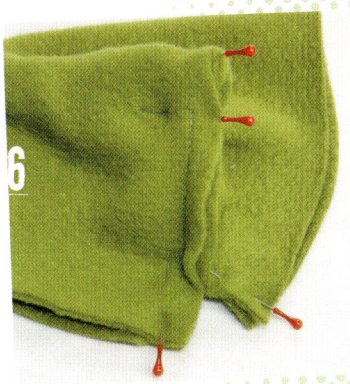

FIGURSCHMEICHLER

Eine einfache Tunika ohne Ärmel, mit Brustabnähern, gesäumtem Armausschnitt und verstürztem V-Ausschnitt | Schnitt-Teile N und O auf Bogen B

MATERIAL

- 105/105/105/150/150 cm Struktur-Strick-walk für die Größen S/M/L/XL/XXL, 140 cm breit
- Passendes Nähgarn

Aus Struktur-Strickwalk:
- Je 1x das Vorderteil N (Bruchkante = Vordere Mitte, Ausschnitt entlang der V-Ausschnittlinie) und Rückenteil O im Stoffbruch
- Je 1x vorderer und hinterer Halsausschnittbeleg im Stoffbruch

ZUSCHNITT

Bitte geben Sie an allen Schnitt-Teilen 1 cm Nahtzugabe, sowie an Vorder- und Rückenteilunterkante 2,5 cm Saumzugabe und an den Armausschnitten 1,5 cm Saumzugabe dazu. Kopieren Sie aus dem Vorder- und Rückenteilschnitt jeweils zusätzlich die Belege von der (V-)Ausschnittkante bis zur eingezeichneten unteren Belegkante. Falten Sie die Webkanten jeweils zur Mitte, sodass Sie an den Seitenkanten 2 Stoffbrüche erhalten, an denen Sie Vorder- und Rückenteil sowie die Belege anlegen können. Für Größe XL und XXL falten Sie die Webkanten in halber Rücken- bzw. Vorderteilbreite zur Mitte, die Webkanten überlappen sich dann in der Mitte um einige Zentimeter.

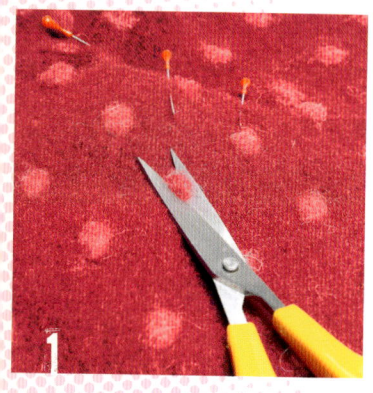

SO GEHT'S

1 Da es sich hier um einen Struktur-Strickwalk handelt, empfiehlt es sich, die plastischen Elemente (hier die Punkte) mit einer Schere vor dem Nähen im Bereich aller Nähte abzuschneiden, um einen gleichmäßigen Stofftransport, eine saubere Naht und eine professionelle Optik zu gewährleisten.
Nähen Sie zunächst die Brustabnäher, dann schließen Sie die Schulter- und Seitennähte der Tunika wie ab Seite 10 beschrieben.

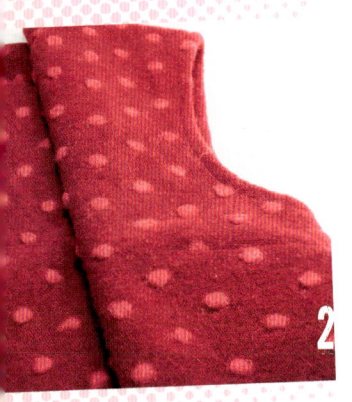

2 Säumen Sie anschließend die Armausschnitte mit einem schmalen Saum von ca. 1,5 cm. Schlagen Sie hierzu die Saumkante nach links ein, stecken diese und steppen den Saum fest.

3 Anschließend säumen Sie wie eben beschrieben die untere Tunikakante, allerdings mit einem Saum von ca. 2,5 cm Breite.

4 BELEGE

Der Halsausschnitt wird mit Belegen verstürzt. Hierzu legen Sie den vorderen und rückwärtigen Beleg rechts auf rechts an den Schmalseiten zusammen und steppen diese kurzen Kanten. Drücken Sie die Nahtzugaben auseinander. Legen Sie nun den Beleg passend rechts auf rechts auf den Halsausschnitt, stecken und steppen Sie die inneren Kanten zusammen.

5 Schneiden Sie aus den Nahtzugaben an den Rundungen kleine Dreiecke heraus oder schneiden Sie die Nahtzugabe mit einer Zackenschere stark zurück. In der vorderen Mitte schneiden Sie einmal gerade in das V des Ausschnitts bis dicht an die Naht.

6 Wenden Sie nun den Beleg auf die linke Seite der Tunika, formen die Nahtkante aus und steppen den Beleg mit einem Abstand von ca. 1–2 cm zur Kante fest. Dies verleiht dem Ausschnitt Stabilität und verhindert das Herausrutschen des Beleges.

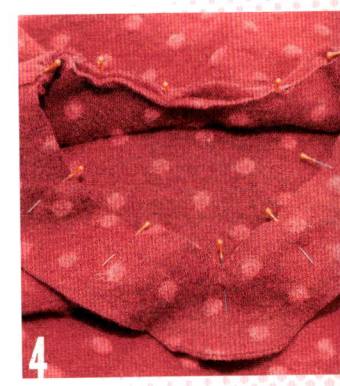

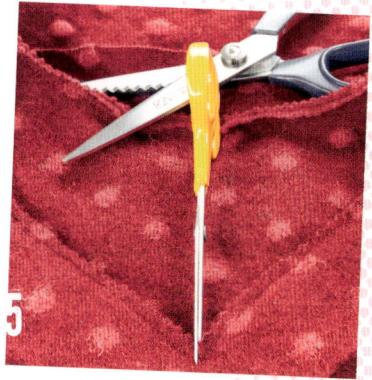

CAMPUS-FEELING

Ein Hoody im College-Style mit dreilagiger Applikation |
Schnitt-Teile A bis E und Applikationsvorlagen T und U auf Bogen A

MATERIAL

- 120/125/125/160/160 cm Sweat in Grau
  für die Größen S/M/L/XL/XXL, 140 cm breit
- 100 cm Sweat in Orange, 140 cm breit
- 50 cm gestreiftes Bündchen in Rot/Orange,
  120 cm breit
- 20 x 20 cm Applikationsfilz in Schwarz
- 20 x 60 cm Vliesofix
- Passendes Nähgarn

ZUSCHNITT

Bitte geben Sie an allen Schnitt-Teilen
1 cm Nahtzugabe dazu, wenn nicht anders
angegeben. Falten Sie für Größe S bis L am
grauen Sweat die Webkanten zur Stoffmitte,
sodass Sie an den Seiten 2 Stoffbrüche
erhalten an die Sie Vorder- und Rückenteilschnitt anlegen. Den restlichen Stoff
legen Sie so zur Hälfte, dass die Webkanten
aufeinanderliegen und 1 Stoffbruch entsteht, an den Sie den Taschenschnitt anlegen.
Den Kapuzenschnitt legen Sie daneben.
Für Größe XL und XXL falten Sie eine Webkante in halber Vorderteilbreite zur Mitte
und legen an den entstandenen Stoffbruch
untereinander den Vorder- und Rückenteilschnitt. Die beiden gegengleichen (!)

Kapuzenteile schneiden Sie daneben in
einzelner Stofflage zu, für die Tasche
falten Sie den Stoff in passender Breite,
sodass Sie das Schnitt-Teil an den Stoffbruch legen und zuschneiden können.
Beim Sweat in Orange falten Sie eine Webkante in Ärmelbreite zur Mitte und legen an
den entstandenen Stoffbruch untereinander
den Taschen- und Ärmelschnitt. Die beiden
gegengleichen (!) Kapuzenteile schneiden
Sie daneben in einzelner Stofflage zu. Aus
den Resten schneiden Sie die Zahlen aus.

Aus Sweat in Grau:
- Je 1x das Vorderteil A und Rückenteil B
  im Stoffbruch (Stoffbruch = vordere/
  hintere Mitte)
- 2x das Kapuzenteil D (gegengleich)
- 1x das Taschenteil E im Stoffbruch

32

Aus Sweat in Orange:

- 2x das Kapuzenteil D (gegengleich)
- 2x Ärmel C (gegengleich)
- 1x das Taschenteil E im Stoffbruch
- 1x die mittelgroßen Zahlen 7 & 4 (ohne zusätzliche Nahtzugaben)

Aus Bündchen:

In den angegebenen Maßen sind die Nahtzugaben bereits enthalten.
- 2 Ärmelbündchen 22 cm (= Höhe) x 21/22/22,5/23/24 cm (= Breite) für S/M/L/XL/XXL
- 1 Saumbündchen 22 cm (= Höhe) x 81/90/99/107/115 cm (= Breite) für S/M/L/XL/XXL
- 1x die kleinen Zahlen 7 & 4 (ohne zusätzliche Nahtzugaben)

Aus Applikationsfilz:

- 1x die großen Zahlen 7 & 4 (ohne zusätzliche Nahtzugaben)

SO GEHT'S

1 APPLIKATION

Fertigen Sie als Erstes die Applikation. Übertragen Sie hierzu zunächst die Applikationsvorlagen auf das Trägerpapier des Vliesofix. Die Vorlagen auf Bogen A sind schon gespiegelt, d. h. Sie können einfach das Vliesofix mit der Papierseite nach oben auf den Vorlagebogen legen und die Teile abzeichnen. Sollten Sie eigene Vorlagen verwenden, so beachten Sie bitte, dass auch diese Motive spiegelverkehrt übertragen werden müssen.

2 Schneiden Sie die Motive dann grob aus und bügeln diese vorsichtig auf die linke Stoffseite des jeweiligen Stoffes. Die größten Motive werden auf den Applikationsfilz gebügelt, dann folgen die mittleren Motive auf dem Sweat in Orange und die kleinsten auf dem gestreiften Bündchenstoff. Schneiden Sie dann die Applikationen exakt an der eingezeichneten Linie auf dem Trägerpapier mitsamt dem Stoff/Filz aus.

3 Nun arbeiten Sie die Applikation von der untersten Lage zur obersten. Ziehen Sie das Trägerpapier von dem mittleren Motiv, platzieren es mittig auf der rechten Seite des untersten Motivs und bügeln es vorsichtig fest. Lassen Sie das Material etwas auskühlen. Das Gleiche wiederholen Sie mit der obersten Lage, die Sie auf die zusammengesetzte mittlere Lage aufbügeln.
Tipp: Sie können zwischen Bügeleisen und Material eine Lage Backpapier legen, damit evtl. seitlich austretendes Klebematerial weder Stoff noch Bügelsohle verklebt.

4 Steppen Sie nun schmalkantig die Applikationslagen aufeinander oder nähen die Schichten mit einem Zierstich fest. Orientieren Sie sich immer an den Schnittkanten. Lassen Sie hierbei die Nähnadel an den Ecken vor dem Wenden immer im Stoff stecken, damit die Naht kontinuierlich fortgesetzt wird.
Als Hilfsmittel bietet sich ein Nähfüßchen mit Führungskante, ein transparenter Applikationsfuß oder auch der Reißverschlussfuß an.

5 Ist die Applikation fertiggestellt, legen Sie das Vorderteil Ihres Pullovers glatt auf den Tisch und platzieren die Applikation entsprechend Ihrer Vorstellung auf der rechten Seite des Teiles (hier zentriert im oberen Pulloverdrittel). Fixieren Sie die Applikation mit ein paar Nadeln und bügeln diese anschließend auf. Da es sich um eine relativ dicke Applikation handelt, wird die Applikation am besten nochmals von der linken Seite gebügelt, da so die Hitze des Bügeleisens schneller zur Klebefläche durchdringt.

6 Nun nähen Sie die unterste Lage der Applikation schmalkantig auf den Pullover.
Nähen Sie anschließend den Pullover wie beim Basismodell ab Seite 5 beschrieben fertig.

STERNENGUCKER

Eine leichte, sportive Weste mit voluminösem Überschlagskragen und Druckknopfleiste | Schnitt-Teile N, O und S auf Bogen B

MATERIAL

- 110/110/110/155/155 cm Fleece für die Größen S/M/L/XL/XXL, 140 cm breit
- 35 x 85 cm Jersey
- Ca. 6–10 Druckknöpfe, für Jersey geeignet (hier: 7 Kam Snaps in Sternchenform)
- Passendes Nähgarn

ZUSCHNITT

Bitte geben Sie, falls nicht anders angegeben, an allen Schnitt-Teilen 1 cm Nahtzugabe, an Vorder- und Rückenteilunterkante jeweils 3 cm und an den Armausschnitten 1,5 cm Saumzugabe dazu. Falten Sie den Stoff so, dass die Webkanten aufeinanderliegen und an der anderen Seite ein Stoffbruch entsteht. Legen Sie den Schnitt für das Rückenteil an den Bruch, den Schnitt für das Vorderteil so nah wie möglich an die Webkanten. Den Kragen schneiden Sie anschließend in einzelner Stofflage aus dem restlichen Stoff zu. So, wie der Kragen auf dem Bogen gezeichnet ist, wird er auf die linke Stoffseite des Fleece aufgezeichnet, den Jerseykragen dazu seitenverkehrt aufzeichnen.

Aus Fleece:
- 2x das Vorderteil N, gegengleich bis zur äußeren Kante für die Knopfleiste (an dieser Kante müssen Sie keine Nahtzugaben mehr zugeben), Unterkante = Schnittkante Weste + 3 cm Saumzugabe
- 1x Rückenteil O im Stoffbruch, Unterkante = Schnittkante Weste + 3 cm Saumzugabe
- 1x Überschlagskragen S

Aus Jersey:
- 1x Überschlagskragen S

SO GEHT'S

Nähen Sie zunächst die Brustabnäher, dann die Schulter- und Seitennähte wie ab Seite 6 beschrieben. Säumen Sie anschließend die Armausschnitte mit einem schmalen Saum von ca. 1,5 cm. Schlagen Sie hierzu die Saumkante nach links ein, stecken diese und steppen den Saum fest.
Als Nächstes schlagen Sie die Kanten der Vorderteile und den Westensaum 3 cm nach links um und stecken die Umschläge fest. Lassen Sie den Bereich der vorderen unteren Ecken noch offen, um hier eine Briefecke zu nähen.

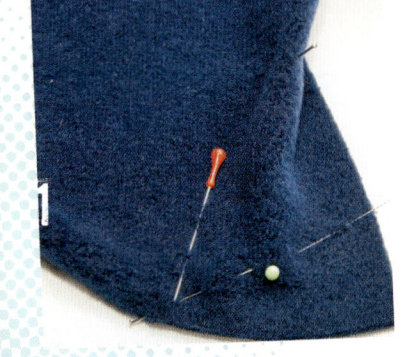

1 BRIEFECKE

Arbeiten Sie nun die Briefecke an den unteren Kanten der Vorderteile. Falten Sie dazu die Vorderteile jeweils entlang der im Schnitt eingezeichneten Linie rechts auf rechts aufeinander. Nähen Sie dann entlang der gestrichelten Linie ab dem Nahtzeichen ▲ (siehe Markierung im Schnitt) bis zur Bruchkante.

2 Schneiden Sie die Nahtzugaben stark zurück (siehe Foto linke Seite) und wenden Sie die Ecke. Stecken Sie danach den Saum auch hier fest (siehe Foto rechte Seite). Steppen Sie die Säume mit 2 cm Abstand zur Kante fest.

ÜBERSCHLAGSKRAGEN

Dann arbeiten Sie den verstürzten Kragen. Legen Sie hierzu beide Kragenteile passend rechts auf rechts aufeinander, stecken und steppen Sie die kurze gerade Kante zusammen.

3 Legen Sie nun die eben gesteppte Kante am Halsausschnitt an die Saumkante des linken Vorderteils, sodass der Außenstoff rechts auf rechts und der Innenstoff rechts auf links auf der Weste liegen. Die Innenwölbung des Kragens liegt am Halsausschnitt, die Westenteile liegen zwischen den Kragenstofflagen.

4 Stecken Sie nun am Halsausschnitt alle 3 Stofflagen und dann am Bogen des Überschlags sowie an der oberen Kragenkante die beiden Kragenteile zusammen. An der oberen Kragenkante bleibt ein Wendeloch offen, durch das die Westenteile heraushängen. Steppen Sie nun den Kragen an den Halsausschnitt und nähen den restlichen Kragen soweit zusammen, wie Sie mit der Nähmaschine Platz finden. Wird es zu eng, so können Sie den Kragen und die Westenteile durch das Wendeloch wieder etwas zurückschieben und von der anderen Seite her Richtung Wendeloch nähen. Schneiden Sie die Nahtzugaben an der Rundung bis dicht an die Naht ein und wenden Sie den Kragen.

5 Zum Schluss bleibt eine Öffnung von ca. 5–10 cm offen, die Sie dann von Hand unsichtbar zusammennähen.

6 DRUCKKNÖPFE

Anschließend markieren Sie sich in gleichmäßigen Abständen die Positionen der Druckknöpfe an den vorderen Kanten und am Kragen, abhängig von der Anzahl Ihrer Knöpfe/Schließen und in etwa so, wie auf dem Foto zu sehen.

Tipp: Sie können auch zusätzliche Drücker nur als Zierde auf der äußeren Leiste eindrücken, alternativ Knopflöcher und Knöpfe oder auch Schmuckschließen anbringen. Je nach Anzahl und Größe der Schließen wählen Sie dann die Abstände.

7 Durchstechen Sie den Stoff an den entsprechenden Stellen mit dem jeweiligen äußeren sichtbaren Deko-Drückerteil für die Druckknöpfe, legen auf die andere Seite das dazugehörige Gegenstück und pressen die Drücker mit der entsprechenden Zange zusammen. Beachten Sie hierbei unbedingt, dass die männlichen und weiblichen Schließteile immer passend auf der richtigen Seite sind.

39

GIMMICK-HOODY

Ausgefallener Hoody mit schrägem Reißverschluss, einseitiger Eingriffstasche und untergesetzter Tasche mit Kopfhörerausgang | Schnitt-Teile A bis D, K und L auf Bogen A

MATERIAL

- 175/180/180/185/185 cm Sweat für die Größen S/M/L/XL/XXL, 140 cm breit
- 50 cm Bündchen, 120 cm breit
- 2 Ösen, Innen-Ø mind. 0,5 cm
- 100 cm Kordel, Ø 3 bis 4 mm
- 1 Kordelstopper, evtl. 1 Kunststoffperle mit großem Durchgang (bei Kordelstoppern mit 1 Durchgang)
- 1 Reißverschluss, teilbar, 70 cm lang
- 1 Gumtec®-Kabeldurchgang
- Stylefix
- Rest Vlieseline, 3 x 3 cm
- Passendes Nähgarn

ZUSCHNITT

Bitte geben Sie an allen Schnitt-Teilen 1 cm Nahtzugabe dazu. Um die Schnitte für die beiden Vorderteile abzunehmen ein 75 x 80 cm großes Stück Schnittmusterpapier oder -folie zur Hälfte falten (= 75 x 40 cm), mit dem Falz an den eingezeichneten Stoffbruch legen und das Schnitt-Teil abzeichnen. Auch die schräg verlaufende Linie der Vorderkante einzeichnen. Dann das Papier auseinanderfalten und entlang der schräg verlaufenden Linie auseinanderschneiden. Legen Sie die Schnitt-Teile so auf, wie es in den Zuschneideplänen auf den Seiten 2 und 4 zu sehen ist. Für die Vorderteile lassen Sie zunächst einfach nur den entsprechenden Platz frei, schneiden die anderen Teile aus und schneiden dann die Vorderteile in einzelner Stofflage zu. Legen Sie hierzu beide Vorderteile möglichst dicht nebeneinander auf den Stoff, sodass die schräge Kante ins linke Vorderteil läuft. Das rechte Vorderteil wird so größer als das linke. Den Tascheneingriff schneiden Sie nur am rechten Vorderteil aus.
Die beiden Taschenteile schneiden Sie aus den Resten zu. Die Eingrifftasche K wird so, wie sie auf dem Bogen gezeichnet ist, auf die linke Stoffseite gezeichnet.

Aus Sweat:
- 1x das rechte, breiter werdende Vorderteil A mit Tascheneingriff
- 1x das linke, schmaler werdende Vorderteil A
- 1x das Rückenteil B im Stoffbruch
- 2x den Ärmel C (gegengleich)
- 4x das Kapuzenteil D (je 2x gegengleich, mit spitz zulaufendem Gesichtsausschnitt)
- 1x untergesetzte Eingrifftasche K
- 1x untergesetzte MP3-Player-Tasche L

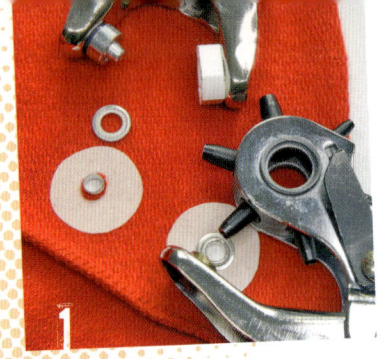

Aus Bündchen:

In den Maßen sind die Nahtzugaben bereits enthalten.
- 2 Ärmelbündchen 22 cm (= Höhe) x 21/22/22,5/23/24 cm (= Breite) für S/M/L/XL/XXL
- 1 Bündchen für den Tascheneingriff 4 cm (= Höhe) x 21 cm (= Breite)
- 1 Saumbündchen 22/20/18/16/14 cm (= Höhe) x 85/94/103/111/119 cm (= Breite) für S/M/L/XL/XXL

Das Saumbündchen links auf links längs zur Hälfte legen (Längskanten liegen aufeinander), das Schnitt-Teil des rechten Vorderteils mit der Unterkante an die Bruchkante legen und die rechte Schmalseite entsprechend der Vorderteilkante schräg abschneiden (beide Schrägschnitte aneinandergelegt ergeben eine durchgehende Fläche). Die andere Schmalseite mit derselben Schrägung abschneiden, sodass die Längskanten 81/90/99/107/115 cm lang sind und das Bündchen eine Rautenform hat.

SO GEHT'S

Zuerst nähen Sie die Kapuze wie bei der Fellweste erläutert, siehe Seite 12f.

1 Auf einer Seite der äußeren Kapuze arbeiten Sie 2 Ösen in den Stoff, siehe Seite 14. Der Abstand der Ösenmitte zur vorderen Kante beträgt jeweils ca. 1,5 cm, zur unteren Kante 3 bzw. 6 cm.

2 Ziehen Sie nun die Kordel von innen nach außen durch eine Öse, fädeln sie dann durch eine Seite des Kordelstoppers, anschließend durch die andere Seite und durch die zweite Öse wieder in die Kapuze. Bei Kordelstoppern mit einem Durchgang, fädeln Sie erst einmal durch den Kordelstopper, dann durch die Perle und wieder durch den Kordelstopper hindurch.

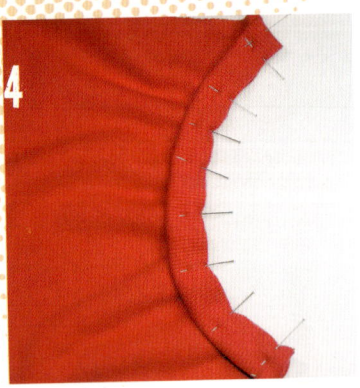

3 Die Kordelenden nähen Sie an den Kapuzenenden mit ein paar Stichen fest. Danach steppen Sie den Kordelkanal, siehe Seite 14.

EINGRIFFSTASCHE

4 Im nächsten Schritt arbeiten Sie die seitliche Eingriffs-
tasche in das rechte, breitere Vorderteil. Hierzu falten
Sie den Bündchenstreifen längs links auf links zur Hälfte
und stecken ihn unter leichter, gleichmäßiger Dehnung
rechts auf rechts an den runden Taschenausschnitt.
Nähen Sie das Bündchen fest. Klappen Sie das Bündchen
anschließend nach außen, sodass die Nahtzugaben in der
Tasche liegen. Sie können die Nahtzugaben noch feststeppen.

5 Versäubern Sie nun die geschwungene Kante des Taschen-
teiles und legen dieses rechts auf links passend unter den
Tascheneingriff, bündig an die Seite und die Saumkante.
Mit Stylefix-Klebeband können Sie die Tasche am einfachs-
ten fixieren, um sie danach mit parallelen Steppnähten
oder einem Zierstich aufzunähen.
Tipp: Wenn Sie eine Covermaschine besitzen oder mit der
Zwillingsnadel arbeiten, so markieren Sie mithilfe des
Schnittmusters die Nahtlinien mit einem Trickmarker auf
der rechten Stoffseite des Vorderteils und nähen die
Tasche von der rechten Stoffseite fest.

6 Die seitliche und untere Kante des Taschenteiles können
Sie auf der Nahtzugabe mit einem langen Steppstich auf das
Vorderteil nähen, damit bei der weiteren Verarbeitung
nichts verrutscht.

KNOPFLOCH UND KABELDURCHFÜHRUNG

Danach wird die untergesetzte Tasche mit Kabeldurchführung
für Kopfhörer zu Mobiltelefon oder MP3-Player gearbeitet.

7 Zur Verstärkung bügeln Sie vor dem Nähen des Knopflochs
an der entsprechenden Stelle (siehe Schnitt) ein kleines
Stückchen Vlieseline auf die linke Stoffseite. Dann nähen
Sie mithilfe Ihrer Knopflochautomatik (siehe Bedienungs-
anleitung Ihrer Nähmaschine) ein 1,5 cm langes Knopfloch.

8 Kleben Sie mit Stylefix die Gumtec®-Kabeldurchführung mit den Schlitzen über das Knopfloch und steppen Sie das Teil in der Führungsrille fest. Erhöhen Sie hierzu leicht die Oberfadenspannung, um Fadenschlaufen des Unterfadens zu vermeiden. Die Verwendung des Reißverschlussfüßchens kann das Annähen ebenfalls erleichtern. Nähen Sie sehr langsam, lassen Sie beim Drehen des Materials und beim Anheben/Absenken des Füßchens immer die Nadel im Stoff stecken. Gegebenenfalls arbeiten Sie mit dem Handrad.

9 UNTERGESETZTE TASCHE

Versäubern Sie bei diesem Taschenteil alle Schnittkanten. Schlagen Sie die obere Schmalkante 1 cm breit nach rechts um und steppen Sie diesen Saum fest. Positionieren Sie den Taschenbeutel auf der linken Seite des Vorderteils (rechts auf links), sodass die Taschenoberkante unter der Kabeldurchführung liegt (siehe Schnitt). Kleben Sie die Seiten und die runde Unterkante mit Stylefix fest und nähen diese Kanten des Taschenbeutels an, wie bei der anderen Tasche schon beschrieben.

Nähen Sie anschließend die Vorder- und Rückenteile, Kapuze und Ärmel wie beim Basismodell ab Seite 6 beschrieben zusammen. Nähen Sie die Kapuze in den Halsausschnitt, dabei beginnt und endet die Kapuze 1 cm vor der mittleren Kante

des Vorderteiles. Das Saumbündchen nähen Sie, links auf links zur Hälfte gefaltet, an die untere Jackenkante. Die Schnittkanten verlaufen in der gleichen diagonalen Richtung weiter, wie die jeweiligen Jackenteile. Arbeiten Sie nun den Reißverschluss in die Jacke wie bei der Fellweste ab Seite 15 beschrieben. Hier können Sie jedoch den Reißverschluss mit Stylefix vorab einkleben, um ein Verrutschen/Verschieben des schräg zugeschnittenen Stoffes zu verhindern. Achten Sie beim Einnähen darauf, dass die Bündchennähte auf einer Höhe liegen. Schlagen Sie die Reißverschlussbänder nach links um und steppen Sie die Nähte von der rechten Stoffseite schmalkantig ab.

MATERIAL UND MASSTABELLE

Die Mengenangaben in den Anleitungen beziehen sich auf die Gesamtmenge des benötigten Materials und sind großzügig bemessen. Ein mögliches Einlaufen der Stoffe ist allerdings nicht berücksichtigt, da die Schrumpfung bei verschiedenen Materialien sehr unterschiedlich ausfällt. Kaufen Sie gegebenenfalls entsprechend mehr Stoff und waschen Sie diesen unbedingt bereits vor dem Zuschnitt. Die Stoffbreiten variieren manchmal um einige Zentimeter, deshalb kommen Sie eventuell auch mit etwas weniger Stoff aus. Falls Sie die Stoffmenge ganz genau bestimmen wollen, nehmen Sie am besten alle benötigten Schnitt-Teile zum Stoffkauf mit, legen die Teile entsprechend auf den Stoff und bestimmen dann selber, wie viel Stoff Sie jeweils benötigen. Das Gleiche empfiehlt sich, wenn Sie Ihren Hoody oder Ihre Tunika aus verschiedenen Stoffen nähen möchten.

Masstabelle					
Größe	S	M	L	XL	XXL
Damen	34/36	38/40	42/44	46/48	50/52
Herren	44	46/48	50/52	54/56	58/60
Oberteil					
Oberweite	86	96	106	116	126
Vorderlänge	68	69	70	71	72
Ärmellänge	64,5	65	65,5	66	66,5

Haben Sie einen Lieblingspulli, der optimal passt? Dann messen Sie daran einfach die Weite unterhalb der Arme und kopieren vom Bogen die Größe, die mit diesem Maß übereinstimmt.
Überprüfen Sie auch die Ärmellänge, indem Sie sich den Schnitt passend anhalten.

45

GRUNDBEGRIFFE DES NÄHENS

NADELN

Für die Modelle in diesem Buch sind Näh-
maschinen-Standardnadeln in Stärke 80
eine gute Wahl. Für die Maschenware (Jersey,
Sweat, Plüsch, Fleece) verwenden Sie am
besten Jersey-Nadeln. Für Handstiche sollten
Sie immer eine Auswahl an Universalnadeln
bereithalten. Grundsätzlich gilt: Je dicker
und fester der Stoff, desto dicker die Nadel.

STECKEN

Stecknadeln sind unverzichtbar zum Fixieren
der Stofflagen. Stecken Sie hierbei die
Nadeln quer zur Nahtrichtung. Ausnahme:
Bei Verwendung der Overlock-Maschine. Hier
sollten die Nadeln nicht im Bereich des
Messerschnitts gesteckt sein. Am besten
stecken Sie die Nadeln längs und mit genügend
Abstand zur Näh-/Schnittkante.
In florigem Gewebe (z. B. Plüsch oder Struk-
turwalk) oder zur besonderen Kennzeichnung
können Sie Stecknadeln mit farbigen Köpfen
verwenden.

GARNE

Achten Sie bei der Garnauswahl stets auf
gute Qualität. Bei diesen Modellen hat sich
Synthetikgarn bewährt. Sollten Sie einmal
nicht den passenden Farbton finden, ent-
scheiden Sie sich am besten für die nächst-
dunklere Variante, diese fällt im Stoff
weniger auf.
Für sichtbare Dekornähte können auch leicht
glänzende Stickgarne verwendet werden.

WASCHEN

Die Stoffmenge bei allen Modellen bezieht
sich auf den tatsächlichen Verbrauch. Ein
Einlaufen der Stoffe durch Waschen ist
nicht berücksichtigt. Beachten Sie bitte
die Waschempfehlungen des Herstellers,
z. B. Walk nur im kalten Wollwaschprogramm
waschen.

MESSEN UND SCHNEIDEN

Zum Zuschneiden des Stoffes benötigen Sie
eine Stoffschere und am besten auch einen
Rollschneider mit Schneidelineal und Schnei-
deunterlage. Bei den Vorlagen auf dem Bogen
sind, falls nicht anders angegeben, die
Nahtzugaben von 1 cm Breite und die Saumzugaben nicht enthalten. Bei ausgestellten
Säumen, z. B. bei den Trompetenärmeln,
werden die Saumzugaben nach unten hin
wieder schmaler, sodass der umgeschlagene
Saum hinterher nicht zu viel Weite hat. Zum
Maßnehmen ist ein Maßband wichtig und zum
exakten Zuschnitt von geometrischen Flä-
chen ein Patchworklineal hilfreich.

STOFFBRUCH

Legt man Stoff doppelt, entsteht eine Falt-
linie, die als Stoffbruch bezeichnet wird.
Auf einem Schnitt bezeichnet der Bruch die
Mitte eines Schnitt-Teils und ist meistens
als durchbrochene Linie dargestellt. Der
Schnitt wird mit dieser Linie ohne Nahtzugabe an die gefaltete Kante des Stoffs
angelegt.

FADENLAUF

Bei allen Stoffen verläuft der Fadenlauf parallel zur Stoffballenkante, bei Maschen-/Strickware müsste man diese Laufrichtung korrekterweise Maschenlauf nennen. Beim Zuschnitt legen Sie den im Schnittmuster eingezeichneten Fadenlauf bzw. auch die Bruchkante parallel zur Stoffkante.

STOFFSEITEN

Jeder Stoff hat eine rechte und eine linke Seite. Die rechte Seite entspricht der Stoffaußenseite. Bei Single-Jerseys ist die rechte Seite die glattere. Sind Sie sich nicht sicher, dann ziehen Sie den Stoff quer zu den Maschen, die Stoffkante rollt sich auf die rechte Seite. „Stoffe rechts auf rechts aufeinanderlegen" bedeutet, dass die Stoffaußenseiten innen liegen.

SCHNITTE ZEICHNEN UND KOPIEREN

Bei Modellen mit mehreren Größen brauchen Sie nur Ihre Größe auf Schnittmusterpapier zu übertragen, die Nahtzugabe von 1 cm und evtl. die Saumzugabe von 2-3 cm hinzuzufügen und auszuschneiden. Um halb gezeichnete Schnitt-Teile als Ganzes zu kopieren, ein ausreichend großes Stück Papier zur Hälfte falten und mit dem Falz an die entsprechende Linie legen, abzeichnen und im gefalteten Zustand exakt ausschneiden.

NAHTARTEN

Die am häufigsten verwendeten Stiche sind der gerade Steppstich und der Zickzackstich. Elastische Stiche sind auch der Superstretch-Stich oder der Overlockstich.

VERNÄHEN/VERSÄUBERN

Jede Naht wird zu Beginn und am Ende jeweils mit ein paar Vor- und Rückstichen verriegelt. Offene Schnittkanten können z. B. mit Zickzackstichen versäubert werden. Viele der hier verwendeten Materialien müssen jedoch nicht versäubert werden, daher wird in den Anleitungen nicht extra darauf hingewiesen.

DRÜCKER UND ÖSEN

Die Knopf-/Ösenposition markieren. Auf eine Seite ein männliches Teil mit einem Gegenstück und auf die andere Seite ein weibliches Teil mit einem Gegenstück mithilfe einer speziellen Zange oder mit dem beigefügten Werkzeug eindrücken. Hierbei darauf achten, dass die Verschlussteile passend aufeinandertreffen.

Impressum

Entwürfe und Realisation: Carmen Dahlem

Lektorat, Zeichnungen, Schnittbogen: Beate Sch

Redaktion: Angelika Klein

Fotografie: Florian Bilger

Styling: Peggy Kummerow

Arbeits-/Materialfotos: Carmen Dahlem

Gesamtgestaltung: GrafikwerkFreiburg

Reproduktion: RTK & SRS mediagroup GmbH

Druck und Verarbeitung: Ömür Printing, Istanbul

ISBN 978-3-8410-6310-6

Art.-Nr. 6310

© 2015 Christophorus Verlag GmbH & Co. KG
Freiburg

Herstellerverzeichnis, Bezgsquellen:

Buttinette Textil-Versandhaus GmbH, Wertingen
www.buttinette.com

Freudenberg Vliesstoffe SE & Co.KG, Weinheim
www.vlieseline.de

griffBereit, Freiburg
www.griffBereit-design.de

Kurt Frowein GmbH & Co. KG, Wuppertal
www.kurt-frowein.de

Hemmers
Stoffe Brünink & Hemmers GmbH, Nordhorn
www.stoffe-hemmers.de

Prym Consumer Europe GmbH, Stolberg
www.prym-consumer.com

Union Knopf GmbH, Bielefeld
www.unionknopf.com

Kreativ-Service

Sie haben Fragen zu den Büchern und Materialien? Frau Erika Noll ist für Sie da
und berät Sie rund um alle Kreativthemen. Rufen Sie an! Wir interessieren uns
auch für Ihre eigenen Ideen und Anregungen. Sie erreichen Frau Noll per E-Mail:
mail@kreativ-service.info oder Tel.: **+49 (0) 5052/91 18 58** Montag–Donnerstag:
9–17 Uhr / Freitag: 9–13 Uhr

Besuchen Sie uns im Internet: **www.christophorus-verlag.de**